SONIA SALERNO FORJAZ

MEU DENTINHO SEU DENTÃO

Ilustrações: Eduardo Borges

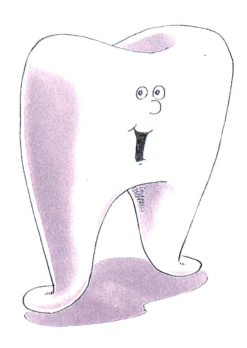

Paulinas

Dados Internacionais de Catalogação na Publicação (CIP)
(Câmara Brasileira do Livro, SP, Brasil)

Forjaz, Sonia Salerno
   Meu dentinho, seu dentão / Sonia Salerno Forjaz ; ilustrações Eduardo Borges. – 11. ed. – São Paulo : Paulinas, 2011 – (Coleção sabor amizade. Série com-fabulando)

   ISBN 978-85-356-2873-9

   1. Livros ilustrados para crianças   2. Literaturas infantojuvenil   I. Borges, Eduardo. II. Título.   III. Série.

11-09114   CDD-028.5

Índices para catálogo sistemático:
   1. Literatura infantil   028.5
   2. Literatura infantojuvenil   028.5

Revisão e preparação de originais: *Mônica Guimarães Reis*
Produção gráfica: *Herbert-Renato Evangelista*
Capa e ilustrações: *Eduardo Borges*
Direção de arte: *Irma Cipriani*

11ª edição – 2011
4ª reimpressão – 2020

Revisado conforme a nova ortografia

Nenhuma parte desta obra pode ser reproduzida ou transmitida por qualquer forma e/ou quaisquer meios (eletrônico ou mecânico, incluindo fotocópia e gravação) ou arquivada em qualquer sistema ou banco de dados sem permissão escrita da Editora. Direitos reservados.

Paulinas
Rua Dona Inácia Uchoa, 62
04110-020 – São Paulo – SP (Brasil)
Tel.: (11) 2125-3500
http://www.paulinas.com.br – editora@paulinas.com.br
Telemarketing e SAC: 0800-7010081

© Pia Sociedade Filhas de São Paulo – São Paulo, 1994

Eu fui logo perguntando:
– Que aconteceu? Quem morreu?
Por que essa cara feia?
E papai me respondeu:
– Nada, meu filho, nada.

Conversou com a mamãe.
Escutei, fiquei sabendo:

VOU TER DE ARRANCAR UM DENTE,
O DANADO ESTÁ DOENDO,
NÃO COMENTE COM O GAROTO,
MAS ESTOU COM UM MEDO TREMENDO!

Eu então fiquei na minha.
Disse que ele era valente,
Pois nem mesmo reclamava
De ter de arrancar um dente.

Ao dentista vou com ele,
Para dar apoio, sei bem.
Mas ele insiste dizendo
Que é para eu ir aprendendo
A ser valente também.

Dói a picada um pouquinho,
E o papai geme e rebola;
Depois fica, na cadeira,
Muito duro e esticado.
Parece até congelado!

As mãos apertam a poltrona
(sua testa está molhada).

Abre então uma bocarra
E olha para o alicate
Com os olhos arregalados.
Depois, já disfarçando,
Vê se eu estou olhando.

Puxam, puxam e, até que enfim,
Mostram o dente para mim:
Grande, enorme, todo torto.
E papai... parece morto.

Boca torta, muito torta
(afinal, a anestesia
sempre causa uma careta).
O papai sorri para mim,
Como quem diz: – É bobagem!
Basta apenas ter coragem!

Com seu sorriso ainda torto,
Voltamos para casa,
E lá as coisas se invertem:
Sou eu quem fica bem duro
E é papai quem se diverte.

Amarro meu dente com linha,
Fico firme, dou um puxão.
E lá se vai meu dentinho...
E lá se foi seu dentão.

Ficamos com um dente a menos,
Mas certos de que coragem
Nós temos de montão!